Reinhold Lehmann



# Damit andere leben können

**Das Zeugnis des Maximilian Kolbe**

Mit dem Text der Ansprache zur Feier der Seligsprechung Maximilian Kolbes von Karol Wojtyła / Johannes Paul II.

Christophorus-Verlag · Freiburg

Es gibt keine größere Liebe,
als wenn einer sein Leben für seine Freunde hingibt.

Joh 15,13

CIP – Kurztitelaufnahme der Deutschen Bibliothek:

**Lehmann, Reinhold:**
Damit andere leben können: d. Zeugnis d.
Maximilian Kolbe / Reinhold Lehmann. Mit d. Text
d. Ansprache zur Feier der Seligsprechung
Maximilian Kolbes / von Karol Wojtyła. –
Freiburg (Breisgau): Christophorus-Verlag, 1982.
Auf d. Haupttitels. auch: Johannes Paul II.
ISBN 3-419-52971-6
NE: Johannes Paulus ‹Papa, II.›: Ansprache zur
Feier der Seligsprechung Maximilian Kolbes
Vw.: Wojtyła, Karol (Früherer Name) →
Johannes Paulus ‹Papa, II.›

---


Gesamtherstellung: Freiburger Graphische Betriebe 1982

# Das Zeugnis des Maximilian Kolbe

*von Reinhold Lehmann*

Es ist eine seltsame Mischung von Jahrmarkt, Wachsfigurenkabinett und Geisterbahn: Der heilige Joseph sägt unentwegt Holz auf einer Waldwiese. Davor steht in sanftem Licht die Muttergottes. Vögel erscheinen am Himmel. Nachtigallen rufen. Aus dem Tunnel des „Panoramas" schaukeln die historischen Gestalten Polens: Könige, Helden, Heilige ... auch Maximilian Kolbe, im Häftlingsanzug, mit Stacheldraht. Vorher sind Flugzeuge erschienen, Bomben explodiert, und alles endet im Glanz der Muttergottes von Tschenstochau, mit Vogelgezwitscher, Tanzgruppen, Kindern.

Wer heute das Kloster Niepokalanów bei Warschau besucht, dem bietet sich dieses „Panorama" polnischer Geschichte, die zugleich Heilsgeschichte ist, unterhalb der dortigen Kirche dar. Für unvorbereitete westliche Besucher eine Flut von Kitsch. Für denjenigen, der Polen zu verstehen sucht, eine kleine Offenbarung im Stile eines rollenden Wachsfigurenkabinetts.

Polen hat im Laufe seiner über tausendjährigen Geschichte schwerste Zeit durchgestanden. Viermal wurde das Land geteilt. Sechs Millionen Menschen gingen im Zweiten Weltkrieg allein durch die deutsche Okkupation zugrunde, die Opfer der sowjetischen Okkupation und der nachfolgenden Stalinzeit nicht gezählt. Millionen wurden von Stalin und Hitler verschleppt. Nach dem Willen der beiden Diktatoren sollte das Land endgültig ausgelöscht werden. Hitlers Blitzkrieg gegenüber Polen war nicht nur auf Kriegsgewinn ausgerichtet. Das Polentum sollte als Volk und als Nation niemals mehr dem „Drang nach Osten" im Wege stehen.

Wenn im Kloster Niepokalanów vor Tausenden von Besuchern täglich die ersten Sterne am Himmel des „Panoramas“ aufgehen, sich später blutrot die Sonne zeigt, die am Ende die Jungfrau von Tschenstochau überstrahlt, dann weiß der einfache Besucher, daß die Madonna wieder gesiegt hat. Wer leidet, der geht zur Muttergottes. Wer gerettet wird, kennt genau den Grund; denn Maria ist die Königin Polens, versinnbildlicht in der Schwarzen Muttergottes vom Hellen Berg zu Tschenstochau. Generalgouverneur Frank (Krakau) notierte schon während seiner Krakauer Zeit, während des Zweiten Weltkrieges: „Als in Polen alle Lichter ausgingen, blieben immer noch die Heilige aus Tschenstochau und die Kirche“.

Zwei Farben herrschen in dem „Panorama“ vor. Sie sind in Polen wohlbekannt: es sind die Nationalfarben Rot und Weiß. Rot ist das Blut, bedeutet in der Kirche Martyrium; weiß ist die Farbe der Unschuld oder der Reinheit. Die Legende sagt, Maximilian Kolbe sei ein Engel erschienen, der ihm zwei Kronen in den Farben Rot und Weiß angeboten habe. Kolbe habe sich für beide entschieden.

Wer war dieser am 7. Januar 1894 in Zduńska Wola geborene Maximilian Kolbe, der während der Schreckensherrschaft des Dritten Reiches freiwillig für einen anderen Polen in den Hungerbunker des Konzentrationslagers Auschwitz und damit in den sicheren Tod ging, der 1971 von Papst Paul VI. auf gemeinsame Bitten der polnischen und der deutschen Bischöfe seliggesprochen wurde und dessen Heiligsprechung von Papst Johannes Paul II. für den 10. Oktober 1982 angesetzt wurde?

Zunächst ein Opfer deutscher Gewaltherrschaft in Polen. Einer von vier Millionen, die in der „Tötungsfabrik“ Auschwitz-Birkenau umkamen, einer von rund sechs Millionen polnischen Staatsbürgern. Einer, dessen Namen wir kennen, ob-

---

*Die Schwarze Muttergottes von Tschenstochau, die Schutzpatronin Polens*

wohl die Asche in alle Winde zerstreut ist, dessen letzte Zelle, die Todeszelle, zu einer Wallfahrtsstätte geworden ist. Ein Mann, nach dem in aller Welt Brücken und Schulen und Kirchen benannt werden, in dessen Namen in der Bundesrepublik Deutschland (Maximilian-Kolbe-Werk) sich eine Einrichtung bemüht, den überlebenden KZ-Opfern und ihren Angehörigen zu helfen.

Kolbe hat einmal gesagt, er wolle zu Staub zerrieben werden, damit nichts mehr von ihm übrigbleibe, zu Ehren der Jungfrau Maria, der Muttergottes, der reinen und unbefleckten. Kolbe starb mit den Worten „Maria“ auf den Lippen, und seine beste Biographin, die polnische Ursuline Kinga Strzelecka, versucht zu erklären, warum für ihn Maria immer im Mittelpunkt stand. Sie schreibt in einer im Herbst 1981 im Verlag Herder in Freiburg erschienenen Biographie: „Seine Mutter hatte ihn früh gelehrt, daß Maria immer hilft, ihn nie verläßt. Die Liebe zu Maria wurde zur Triebfeder für seine gesamte Tätigkeit.“

Maximilian Kolbe ging freiwillig für einen Familienvater, der heute noch in Polen lebt, in den Hungerbunker von Auschwitz, in seine Todeszelle. Der Hergang ist weitgehend bekannt: Bei einem Zählappell im Lager Auschwitz fehlte ein Sträfling aus dem Block A 14. Als Konsequenz einer geglückten Flucht wurden zehn Häftlinge aus dem gleichen Block, wie es üblich war, zum Tod verurteilt. Als einer der ausgewählten Häftlinge, Frantiszek Gajowniczek, laut schrie – denn alle wußten, daß sie der sichere Tod erwartete –, trat Maximilian Kolbe vor Lagerführer Fritsch hin und meldete sich. Das Angebot, stellvertretend für jenen, den das Grauen vor dem nahen Tod gepackt hatte, zu sterben, wurde wohl aufgrund des Überraschungsmomentes in dieser Hölle der Unmenschlichkeit angenommen. Kolbe kannte als „Stellvertreter“ den Häftling nicht, den er rettete. Er trat nicht für einen Freund, eher für einen Landsmann, für einen Familienvater, natürlich auch für einen Polen ein. Damit könnte man eine Betrachtung über Kolbe schon schließen, denn sein Opfergang war wohl der eigentliche Grund, warum er in der ganzen Welt bekannt wurde.

*Das Elternhaus im Dorf Zduńska Wola*

Aber so einfach ist das nicht. Es gibt ein Dutzend Bücher über Maximilian Kolbe. Aber fast jeder Autor hat vom anderen etwas abgeschrieben, nur die Form der Veröffentlichung geändert. Geforscht, vor Ort recherchiert, sich mit den Akten des Prozesses und mit Zeugen beschäftigt, hat bisher fast nur die polnische Ursuline Kinga Strzelecka. Ihr Buch ist faszinierend, weil es offen geschrieben ist. Natürlich kein Enthüllungsroman, eher eine leicht zu lesende wissenschaftliche, doch ernsthafte Arbeit. Was in diesem Buch neben den Einblikken in Kindheit und Jugend, in Seminarerziehung, Romaufenthalt u.a. fasziniert, ist ein erstmaliger Aufschluß darüber, ob Kolbe im Grunde seines Herzens ein Antisemit war.

Polen war in der Vorkriegszeit nicht frei von Antisemitismus. Mit Recht ist im jüdischen Erinnerungs- und Dokumentationszentrum „Yad Washem" in Jerusalem auch ein Exemplar des *Maly Dziennik* (Kleine Tageszeitung) ausgestellt, die Kolbe in seinem von ihm gegründeten Pressezentrum in Niepokalanów bei Warschau herausgegeben hat. Diese Zeitung war stellenweise antisemitisch, was vielen Bischöfen und einfachen Katholiken und Ordensangehörigen damals nicht besonders auffiel. Ein Brief, den Kolbe aus Japan an die Redaktion schrieb, macht seine Einstellung deutlich: „Wenn man über die Juden spricht, werde ich sehr darauf achten, den Haß in den Lesern nicht zu wecken oder zu vertiefen, die ohnehin manchmal schon feindselig gegen sie eingestimmt sind. Im allgemeinen werde ich mich mehr um die Ausweitung des polnischen Handels und der Industrie kümmern als um die Brandmarkung der Juden ..."

Man erkennt aus diesen Worten, daß es damals vor allem ein ökonomisches Problem war, aus dem sich der Antisemitismus nährte. Es kam in dieser Frage oft zu schweren Auseinandersetzungen, auch innerhalb der Redaktion, aber es änderte sich nichts. Kolbe gab die Losung aus, man müsse sich vor der jüdischen „Überfremdung" schützen, aber bereits dieses wurde von der Redaktion in Antisemitismus verwandelt. Die Autorin des Buches, das in Polen bisher nicht erscheinen konnte, schreibt: „Die jüdische Frage war der neuralgische Punkt der polnischen Gesellschaft, die sich bemühte, ihre Rechte zu verteidigen."

Kolbe sah seine Zeitungen meist nur, wenn sie aus den Druckmaschinen liefen. Er las die Texte, die mit seinem Namen unterzeichnet waren, wenn es nichts mehr zu ändern gab. So schreibt die polnische Autorin mit Recht, ob nicht Kolbe am Ende doch ein Stück moralischer Mitverantwortung für den Antisemitismus trug, den seine Blätter verbreiteten. Kolbe war neben seiner Verlagstätigkeit, die immer größere Ausmaße annahm, jedoch auch ein Mann, der sich mit seinen Oberen anlegte, der stritt, der laut protestierte, wenn er Unrecht vermutete. Er war auch ein Seelsorger, der nirgendwo eine Gelegenheit ausließ, Atheisten zu bekehren und Glaubensgespräche zu führen. Dabei half ihm auch seine Zeitung, von der er immer einige Exemplare mit sich führte.

Als Kolbe am 14. August 1941 im Hungerbunker von Auschwitz als Häftling mit der Nummer 16670 im Alter von 47 Jahren starb, war er in Polen bereits ein Begriff. Er hatte einen Namen als Seelsorger (er gehörte dem Orden der Minoriten an) und als Manager. Der Ort Niepokalanów, eine Art Klosterstadt, wurde von ihm im Jahre 1927 40 Kilometer südwestlich von Warschau erbaut. Kolbe baute, investierte, bevor er auch nur einen Złoty in Händen hatte: Straßen, Kirchen, Sportplätze, Gartenanlagen, Unterkünfte, Energieversorgungsanlagen.

Er begann, wie immer, mit der Jungfrau Maria. Im Jahre 1921 zählte sein Frömmigkeitsverein 25 Mitglieder, im Jahre 1939 waren es rund 700000. Jeden Tag

*Die Anfänge der Klostergründung Niepokalanów*

sollten diese Mitglieder für die Sünder und für die Freimaurer beten. Für sie erschien die Zeitung *Der Ritter,* vor allem in den schweren zwanziger Jahren, wo auch in Polen die Inflation wütete. Zunächst ließ man auf einer handbetriebenen Maschine drucken. 5000 Stück in der ersten Auflage. Jan Dobraczynski schrieb, daß sich dafür das Rad 60 000mal drehen mußte. Zehn Tage dauerte der Druck einer solchen Nummer. Die Auflage aber stieg schneller, als sich das Rad drehen konnte. Ein Antriebsmotor mußte her, denn im Jahre 1925 mußten bereits 25 000 Stück ausgeliefert werden.

Nach verschiedenen Druckorten ergab sich im Jahre 1927 die Chance, in der Nähe Warschaus kostenlos ein Grundstück zu erwerben. Damit war der Grundstein für Niepokalanów gelegt. Die Bauten, in denen die Brüder unterkamen, blieben primitiv, getreu der Ordensregel des heiligen Franz von Assisi, der selbst die absolute Armut vorgelebt hatte. Modern waren aber die Maschinen und die Transportmittel. Der Ritter erreichte im Jahre 1939, dem Jahr des Kriegsausbruchs, eine Million Exemplare.

Aber Kolbe hielt es nicht in Polen. Er fühlte sich als Missionar, als Sendbote Gottes. Er versuchte es zuerst in China, wo einige seiner Mitarbeiter zurückblieben. Aber in Japan erschienen dann mit seiner Hilfe die ersten Nummern des *Ritters* mit zehntausend Exemplaren in der Sprache des Landes. Es ging ab- und aufwärts. In der Nähe von Nagasaki entstand dann ein japanisches Niepokalanów. Im Jahre 1936, nach unsäglichen Mühen und Beschwerden, waren eine primitive Behausung und eine Druckerei entstanden, die Auflage des *Ritters* war auch hier auf 65 000 gestiegen. Kolbe mußte aber nach Polen zurückkehren. Das Generalkapitel hatte ihn zum Leiter des Klosters Niepokalanow bestimmt. „Die großen Veränderungen, die dort geschahen und die er aus der Ferne beobachtet hatte, verlangten seine Anwesenheit“ (Jan Dobraczynski).

---

*Franz von Assisi, Fresko im Kloster von Subiaco/Italien, 13. Jahrhundert.*

FR
FRA
CISCV

# Der Sonnengesang

Höchster, allmächtiger, guter Herr,
Dein ist das Lob, der Ruhm, die Ehre
und alle Benedeiung:
Dir, Höchster, nur gebühren sie,
und kein Mensch ist würdig, zu nennen Dich.

Gelobt seist Du, mein Herr,
mit allen Deinen Geschöpfen,
vornehmlich mit der edlen Herrin
Schwester Sonne,
die uns den Tag schenkt durch ihr Licht.
Und schön ist sie und strahlend in großem Glanze:
Dein Sinnbild, Höchster!

Und gelobt seist Du, mein Herr,
durch Bruder Mond und die Sterne:
am Himmel schufest Du sie leuchtend und kostbar und schön.

Gelobt seist Du, mein Herr,
durch Bruder Wind und die Luft,
durch wolkig und heiter und jegliches Wetter,
durch das Du Deinen Geschöpfen Gedeihen gibst.

Gelobt seist Du, mein Herr,
durch Schwester Wasser;
gar nützlich ist sie und demütig und köstlich keusch.

Gelobt seist Du, mein Herr,
durch Bruder Feuer,
durch den Du die Nacht uns erleuchtest,
und schön ist er und fröhlich und gewaltig und stark.

Gelobt seist Du, mein Herr,
durch unsere Schwester Mutter Erde,
die uns ernährt und erhält,
vielfältige Frucht uns trägt
und bunte Blumen und Kräuter.

Gelobt seist Du, mein Herr,
durch jene, die aus Liebe zu Dir vergeben
und Schwäche tragen und Trübsal.
Selig, die harren in Frieden.
Du, Höchster, wirst sie einst krönen.

Gelobt seist Du, mein Herr,
für unsern Bruder, den leiblichen Tod;
ihm kann kein Mensch lebendig entrinnen.
Weh denen, die in Todsünden sterben;
doch selig, die er findet
in Deinem heiligsten Willen;
der zweite Tod tut ihnen kein Leides.

Lobet und preist meinen Herrn,
und danket und dienet Ihm in tiefer Demut!

Franz von Assisi

Bereits in Japan hatte er an die Herausgabe einer polnischen Tageszeitung gedacht. Sie sollte klein, billig und volkstümlich sein. Eine Probenummer des *Maly Dziennik* (Kleine Tageszeitung) war bereits im November 1934 fertiggestellt. Andere Zeitungen kamen später dazu, für Kinder, für Priester. 600 Brüder lebten inzwischen in Niepokalanów. Kolbe träumte von einer Filmproduktion, er wollte einen Flugplatz anlegen, um seine Zeitungen rascher befördern zu können. Er war konservativ in der theologischen Gesinnung, aber fasziniert von der Technik. Ein Manager, der immer investieren, immer vorankommen wollte, dabei ständig an Krankheiten, darunter Tuberkulose, litt. Aber er nahm keine Rücksicht auf seine geschwächten Kräfte.

Ein Mann lebt weiter, der für einen anderen stellvertretend in den Tod ging, für einen, der bei der Seligsprechung und bei anderen Gelegenheiten als eine Art Kuriosität herumgereicht wird. Dieser, der in Reih und Glied zurücktreten durfte und Auschwitz überlebte, erhält manchmal Schreiben von polnischen Katholiken, er solle sich schämen, daß er einen so wertvollen Menschen wie Kolbe „auf dem Gewissen" habe. Das ist nur ein Beweis dafür, daß weder die SS-Leute noch andere, die heute leben, das verstehen können, was der polnische Priester wollte. Was Gewicht hat, ist, daß Kolbe weiterlebt, nicht nur in Polen, auch in Deutschland und in anderen Ländern. Er lebt weiter als ein „Heiliger", der die Grenze überschritten hat, die Grenze vom Leben zum Tod, in der Hingabe seines eigenen Lebens. Nicht nur, um einen zu retten, sondern um mit den anderen zusammen in den Tod zu gehen, sie auf dem letzten Gang zu begleiten. Also eine priesterliche Aufgabe.

Für Polen ist Kolbe ein Beweis seiner moralischen Kraft und Stärke. Der verstorbene polnische Primas, Kardinal Stefan Wyszyński, verkündete stolz bei der Seligsprechung am 18. Oktober 1971 im Petersdom in Anwesenheit Papst Pauls VI.: „Der entsetzliche Plan des Hasses wurde vom Vater der Völker und der Nationen vereitelt. Vor dem Hintergrund von Millionen ausgerotteter, Hunderttausender in den Öfen der Krematorien verbrannter Menschen, angesichts

*Rotationsdruckmaschine im Kloster Niepokalanów, auf der Franziskaner die von Maximilian Kolbe herausgegebenen Zeitungen druckten.*

der bombardierten Städte und Dörfer haben wir nicht den Glauben an die Liebe Gottes, an seine Vorsehung und Stärke verloren, die imstande war, alles zu überwinden."

Papst Paul VI. nannte Kolbe einen „Helden Polens". Ein Held, der nicht zu den Waffen griff, der den Weg der Gewaltlosigkeit ging. Wenn man Kolbe heute fragen könnte, warum er den Weg in den Hungerbunker angetreten hat, vielleicht würde er so einfach antworten wie die polnische Bäuerin, die nach dem Krieg gefragt wurde, warum sie Juden jahrelang unter Gefahr für ihr Leben und das ihrer Familienangehörigen in einer Rübenmiete versteckt hatte: „Ich bin eben so, so einen Charakter habe ich halt." In diesem einfachen Handeln wird Heiligkeit deutlich, was schon durch die Tat da ist, muß eigentlich nicht mehr durch Prozesse in Rom bestätigt werden. Heilige „sind eben so". Sie leben nach den Worten des Evangeliums, was Karol Wojtyla, der spätere Papst Johannes Paul II., am 5. Oktober 1971 anläßlich der Seligsprechung Kolbes im Radio Vatikan aussprach: „Eine größere Liebe hat niemand, als der, der sein Leben hingibt für seine Freunde." Oder an anderer Stelle: „In einer Welt des Hasses hat dieser Mensch mit der Nummer 16670 den schwierigsten und größten aller Siege errungen, den Sieg der Liebe, die verzeiht." Oder ein Wort von Kolbe, das über seine Tat hinausweist, seine Liebe zu den Menschen zeigt: „Unsere Schmerzen sind notwendig, damit die nach uns Lebenden glücklich werden."

Das sind auch Antworten, die Christen und Juden bei der Beantwortung der Frage helfen können, ob man nach Auschwitz noch an Gott (und an den Menschen) glauben kann.

O Herr
mach mich zu einem Werkzeug deines Friedens,
daß ich Liebe übe, wo man sich haßt,
daß ich verzeihe, wo man sich beleidigt,
daß ich verbinde, da wo Streit ist,
daß ich die Wahrheit sage, wo der Irrtum herrscht,
daß ich den Glauben bringe, wo der Zweifel drückt,
daß ich die Hoffnung wecke, wo Verzweiflung quält,
daß ich dein Licht anzünde, wo die Finsternis regiert,
daß ich Freude mache, wo der Kummer wohnt.

Ach, Herr
laß du mich trachten,
nicht daß ich getröstet werde, sondern daß ich tröste,
nicht, daß ich verstanden werde,
sondern daß ich verstehe,
nicht, daß ich geliebt werde, sondern daß ich liebe.
Denn wer da hingibt, der empfängt,
wer sich selbst vergißt, der findet,
wer verzeiht, dem wird verziehen,
und wer da stirbt, der erwacht zum ewigen Leben!
Amen.

Franz von Assisi zugeschrieben

Selig, die arm sind vor Gott;
denn ihnen gehört das Himmelreich.
Selig die Trauernden;
denn sie werden getröstet werden.
Selig, die keine Gewalt anwenden;
denn sie werden das Land erben,
Selig, die hungern und dürsten nach der Gerechtigkeit;
denn sie werden satt werden.
Selig die Barmherzigen;
denn sie werden Erbarmen finden.
Selig, die ein reines Herz haben;
denn sie werden Gott schauen.
Selig, die Frieden stiften;
denn sie werden Söhne Gottes genannt werden.
Selig, die um der Gerechtigkeit willen verfolgt werden;
denn ihnen gehört das Himmelreich.
Selig seid ihr,
wenn ihr um meinetwillen beschimpft und verfolgt und
auf alle mögliche Weise verleumdet werdet.
Freut euch und jubelt: Euer Lohn im Himmel
wird groß sein.

Mt 5,3–12

---

*Maximilian Kolbe, Dezember 1939*

# Warum wird Pater Maximilian Kolbe seliggesprochen?

*Ansprache von Karol Kardinal Wojtyła im Vatikanischen Rundfunk am 5. Oktober 1971*

Am Sonntag, dem 17. Oktober, wird die Kirche einen Mann seligsprechen, dessen Leben und Tod auf besondere Art und Weise mit unserem Jahrhundert verbunden sind. Siebenundsiebzig Jahre alt wäre Pater Maximilian Kolbe jetzt, wenn er unter den Lebenden weilen könnte. Als er in der Hungerzelle im Konzentrationslager Auschwitz starb, zählte er siebenundvierzig Jahre. Kaum dreißig Jahre trennen uns also von seinem Tod. Bis zu seiner Seligsprechung ist nur sehr kurze Zeit verflossen. Der Ruf von seiner Heiligkeit verbreitete sich so intensiv, als ob diese Generation, die den furchtbaren Zweiten Weltkrieg überlebte und sich an das Grauen der Konzentrationslager erinnert, in der Seligsprechung Pater Maximilians ein anderes Zeugnis über sich ausstellen und es den Nachkommen hinterlassen möchte. Jedoch nicht nur menschliche Sehnsucht bahnt den Weg zur Beatifikation. Die göttliche Vorsehung bereitet ihn durch ihre Zeichen. Wir sind dankbar dafür, daß die Nachwelt in der baldigen Seligsprechung des Gottesdieners Maximilian Maria Kolbe das heroische Zeugnis wird erkennen können, das dieser Mann seiner Generation hinterlassen hat.

Sein ganzes außergewöhnliches Leben lang erfreute er sich des Rufes eines Heiligen. Dieser Ruf bestätigte und verbreitete sich endgültig am Ort und vom Ort seines Todes. Und das war das Konzentrationslager in Auschwitz, die Hunger-

---

*Die Rampe des Konzentrationslagers Auschwitz-Birkenau, wo heute eine ewige Flamme der Erinnerung brennt*

zelle, in die er statt eines anderen Häftlings, Franciszek Gajowniczek, gesperrt wurde. Es geschah dies auf seine eigene Bitte, die er dem Lagerkommandanten vorbrachte, als Gajowniczek mit neun anderen Häftlingen zum Hungertod verurteilt wurde. Dieser Hungertod der zehn Häftlinge war von den Behörden des Konzentrationslagers in Auschwitz als Vergeltung für die Flucht eines Häftlings angeordnet worden. Es war aber ein Terrorakt, eine der vielen Bestialitäten im Lager, wo das menschliche Leben unmenschlich wurde. Nicht nur auszehrende körperliche Arbeit, sondern auch eine ständige Atmosphäre von Terror und Angst gestalteten jenes unmenschliche System der menschlichen Existenz. Die erste Hälfte unseres Jahrhunderts hinterließ durch die Konzentrationslager ein schmerzliches Zeugnis der Verachtung des Menschen und des Menschenhasses.

Unter diesen Umständen kam die Entscheidung Pater Maximilians überraschend. Ein Mensch will sein Leben für einen andern hingeben, ein Häftling opfert sich für einen anderen Häftling, denn seines Erachtens nach braucht der andere – er hat Frau und Kinder – sein Leben nötiger als er, der Mönch, der sein Leben von Jugend an nur Gott gewidmet hatte. „Niemand wird dieses Rätsel lösen können", sagte der gerettete Gajowniczek, „wie es geschehen ist, daß der Lagerkommandant Fritsch die Bitte des Häftlings erfüllte. Ich glaubte es nicht, daß ich wieder leben würde." Die Tat des Paters Maximilian wurde im Lager sofort richtig verstanden und hatte in den Augen der Menschen, die dabei waren, gleich ihre entsprechende evangelische Bedeutung. Die Häftlinge bezeugen, daß im Lager Auschwitz so über die Tat des Paters Kolbe gesprochen wurde, und betonen, daß sie auch vielen Häftlingen Mut einflößte. Dieses für den Nächsten gebrachte Opfer mußte ganz besonders an die Worte Christi erinnern: „Eine größere Liebe hat niemand, als wer sein Leben hingibt für seine Freunde."

---

*Papst Johannes Paul II. an der Todeswand des Konzentrationslagers Auschwitz, während seiner Polenreise 1979*

Das über zehn Tage dauernde Sterben in der Hungerzelle läßt sich nur im Zusammenhang mit dem ganzen Leben Pater Maximilians deuten. Das ganze Leben dieses Dieners Gottes verleiht seinem Tod ein evangelisches Gepräge; man könnte sagen, daß sein Tod der letzte Akt jenes Lebens, sozusagen dessen Krönung war. Denn Pater Maximilian Kolbe war als geistiges Kind des hl. Franz von Assisi ein eifriger Apostel seiner Zeit in Polen und Japan und ein Priester, der sein Amt nach dem Vorbild Christi als uneingeschränkte und völlige Hingabe an Gott verstand.

Es wurden schon viele Bücher über Pater Maximilian Kolbe herausgegeben. Kürzlich ist in Warschau ein Band wissenschaftlicher Arbeiten, „Studien über Pater Maximilian Kolbe“, erschienen. In allen Untersuchungen dieses Buches werden die folgenden drei Aspekte deutlich: Erstens das bedingungslose Sich-Anpassen an die unveränderlichen Wahrheiten des Evangeliums, jene große, zugleich aber sehr gerade Linie des Lebens im Geist des hl. Franziskus. – Zweitens das den Anforderungen der Gegenwart angepaßte Apostolat; Pater Maximilian war ein Wegbereiter bei der Anwendung von Massenmedien in der apostolischen Arbeit, vor allem der Presse. Er strengte alle seine Kräfte an, um moderne Arbeitsstätten im polnischen und japanischen Niepokalanów zu gründen. – Drittens – und das ist das größte Geheimnis der Seele von Pater Maximilian – seine spezifische unnachahmliche Liebe zu Maria, zur Immakulata. Seine Liebe ist wie die eines Kindes, voll rückhaltloser heroischer Zuversicht, und sie ist zugleich die eines Ritters, der die ganze Welt für sein Ideal erobern möchte. Es sei nur daran erinnert, daß die von Pater Kolbe herausgegebene Monatsschrift sowohl in Polen als auch in Japan unter dem Titel „Ritter der Immakulata“ erschien und daß der von ihm noch als Student der Theologie gegründete Verband einen ähnlichen Namen „Militia Immakulatae“ trug.

Das alles füllte die siebenundvierzig Lebensjahre des Dieners Gottes aus, siebenundvierzig schwierige, arbeitsame, eifrige Jahre, an deren Ende Gefangenschaft,

Konzentrationslager, Demütigung und schließlich der Hungertod standen. Die schon seit einem Jahrtausend bestehende Kirche in Polen, die junge Kirche in Japan und schließlich die Kirche in der ganzen Welt haben ihre Freude an Pater Maximilian, an dessen Leben und Tod, an dessen Opfer und Sieg, an dessen Teilnahme am Kreuzweg Christi und an der Auferstehung. „Ich schätze, daß die Leiden der gegenwärtigen Zeit in keinem Verhältnis stehen zu der künftigen Herrlichkeit, die sich an uns offenbaren wird." – Diese Worte des hl. Paulus im Römerbrief (8, 18) leben wieder auf in den Seelen des gesamten Gottesvolkes, dessen eschatologisches Bewußtsein und dessen Bewußtsein von der göttlichen Bestimmung durch das Zweite Vatikanische Konzil erneuert wurden. Zugleich erkennt dieses Gottesvolk in Pater Maximilian die historische Kontinuität des Heilswerks, das in die Geschichte der Menschheit eindringt und in den Schwerpunkten des menschlichen Dramas auf der Erde verwurzelt ist.

So ist nun der ab dem 17. Oktober zu den Seligen der Kirche gehörende Gottesdiener Pater Maximilian Kolbe ein Zeuge der ewigen und himmlischen Glorie, aber auch ein Zeuge unseres Jahrhunderts, ein Zeuge jener Generation, die tiefe Wunden in sich trägt und der Heilsgnade als Frucht des Heilswerks Jesu Christi bedarf.

Während der Bischofssynode zu Rom wird Papst Paul VI. kraft seines höchsten apostolischen Amtes den Gottesdiener Pater Maximilian Kolbe seligsprechen. Auf der Tagesordnung der Synode stehen folgende Themen: Sacerdotium ministeriale (dienendes Priestertum) und Gerechtigkeit in unserer Zeit. Unter den vielen Stimmen, die sich während der Synode zu den beiden Themen äußern werden, möge auch jene einzigartige Stimme hörbar werden, die den Namen Pater Maximilian Maria Kolbes trägt. Denn seine Stimme trägt das volle Gewicht seines Lebens und Todes, seiner Hingabe und seines Opfers, seiner Armut, seines Dienstes und Heroismus', seiner Zuversicht und seines Sieges durch das Kreuz. Und diese Stimme muß hörbar werden in der Kirche.

# Das Maximilian-Kolbe-Werk

Das Maximilian-Kolbe-Werk der deutschen Katholiken soll der Aufgabe der Versöhnung zwischen Deutschen und Polen dienen, insbesondere der Solidarität und Partnerschaft mit den polnischen Opfern der nationalsozialistischen Konzentrationslager. Es ging aus der „Solidaritätsspende" der deutschen Sektion der Friedensbewegung Pax Christi hervor, die im Anschluß an eine Sühnewallfahrt nach Auschwitz im Jahre 1964 während des Frankfurter Auschwitz-Prozesses entstanden ist.
Das Kolbe-Werk will über zwischenstaatliche Vereinbarungen hinaus den ehemaligen polnischen KZ-Häftlingen und vor allem den Witwen von Häftlingen Sympathie, Hochachtung und Solidarität bezeugen und Kranken und Bedürftigen unter ihnen ihr schweres Leben erleichtern. Da zum Teil auch Kinder von Häftlingen und Familienangehörige dauernde, vor allem psychische Schäden erlitten, wird auch ihnen geholfen.
Zur Zeit hilft das Kolbe-Werk mehr als 3000 Einzelpersonen, Ehepaaren oder Familien regelmäßig mit einer monatlichen Beihilfe von meist 50 DM. Diese 50 DM ergeben durch den günstigen Devisenwechsel für Geschenksendungen nach Polen einen Betrag, der in manchen Fällen noch immer eine Verdoppelung der staatlichen Rente darstellt. Außerdem gewährt das Werk einmalige Hilfen wie Medikamente, Hörgeräte, Rollstühle und Kuren.

Das Kolbe-Werk wurde am 19. Oktober 1973 auf Initiative von Alfons Erb (Freiburg) von 13 katholischen Verbänden gemeinsam mit dem Zentralkomitee der

---

*Polnische Fahne*

Deutschen Katholiken gegründet. Die Absicht des Kolbe-Werkes besteht vor allem darin, den der Unmenschlichkeit des KZ-Systems unterworfenen polnischen Männern und Frauen zu bezeugen, daß es in Deutschland Menschen gibt, denen das, was sie erlitten und an dem sie heute noch tragen, nicht gleichgültig ist. Es will bezeugen, daß es in Deutschland Menschen gibt, die ihre Sympathie, Hochachtung und Solidarität gegenüber den Opfern bekunden und ein wenig von dem, was ihnen im Namen Deutschlands angetan wurde, wiedergutmachen möchten.
Die Dankesbriefe, die jeden Tag im Kolbe-Werk eingehen, zeigen, daß nicht wenige dieser Menschen durch diese Solidarität wieder neuen Lebensmut fassen. Für viele wird dadurch zum ersten Mal deutlich, daß es auch ein „anderes Deutschland" und „andere Deutsche" gibt; oder, wie ein Arbeiter aus Miezkowice schrieb, der einen Rollstuhl erhalten hatte: „Wenn es möglich wäre, käme ich gleich zu Ihnen in der Freude, in Ihnen Brüder und Schwestern zu haben."

Die deutschen katholischen Bischöfe haben bereits zweimal am Weltfriedenstag für das Kolbe-Werk Kollekten veranstaltet, die über sechs Millionen Mark erbracht haben. Aufgrund dieser Summen ist es dem Kolbe-Werk möglich, auf mehrere Jahre hinaus in steigendem Maß Unterstützungen zu gewährleisten. Aber immer noch kommen neue Anträge hinzu. So bleibt das, was die deutschen Bischöfe anläßlich dieses Weltfriedenstages 1976 in einem kurzen Kollektenaufruf geschrieben haben: „Helft, solange noch Zeit ist!" Christen müßten immer etwas mehr tun als in den Vereinbarungen zwischen Staaten möglich ist.
Damit das Kolbe-Werk auf fester Basis arbeiten kann, braucht es nicht nur Spender, sondern auch möglichst viele Mitglieder. Entsprechend dem Unterstützungssatz betragen die Mindestbeiträge pro Jahr: für Einzelpersonen 50 DM; für Gemeinschaften 300 DM; für Zentralverbände 600 DM.

Maximilian-Kolbe-Werk, Karlstraße 40, 7800 Freiburg im Breisgau, Telefon 0761/200348 (Konto: Deutsche Bank Freiburg, Nr. 2313575).

**Bildnachweis:**
Seite 5, 7, 11, 17 Kloster Niepokalanów. Seite 9, 21, 23, 25, 29 Ernst Herb / KNA-Bild. Seite 13 Helmuth Nils Loose.
**Textnachweis:**
Die Texte Seite 22 bis 27 mit freundlicher Genehmigung des Verlages entnommen aus: Walter Nigg, Maximilian Kolbe, der Märtyrer von Auschwitz. Freiburg, Basel, Wien: Verlag Herder.

Dem Südwest Verlag in München danken wir besonders für die Abdruckerlaubnis des Textes „Das Zeugnis des Maximilian Kolbe" von Reinhold Lehmann. Der Text erschien unter anderem Titel in: Große Gestalten des Glaubens, herausgegeben von Bruno Moser, Südwest Verlag GmbH & Co. KG, München.

**Reinhold Lehmann,** geboren 1939 in Sigmaringen, ist Generalsekretär der deutschen katholischen Friedensbewegung Pax Christi in Frankfurt am Main und u. a. Mitglied des Vorstandes des Maximilian-Kolbe-Werks in Freiburg. Außerdem ist er Chefredakteur der Zeitschrift „Kontraste"
Mehr als 25 mal besuchte Lehmann die Volksrepublik Polen. Sein besonderes Anliegen als Generalsekretär und Publizist ist daher die deutsch-polnische Verständigung und Versöhnung als eine geschichtliche Aufgabe.

## Ein Werkbuch zur Friedensarbeit in der Gemeinde

Für Erwachsenenbildung, Jugendarbeit, Gottesdienst. Mit Beiträgen von Walther Kampe, Gottlieb Brunner u. a.
Ca. 96 Seiten, kart., Best.-Nr. 50643.

Dazu das Verteilheft **Reinhold Lehmann, Umkehren zum Frieden;** Anstöße, Meditationen und Gebete.
32 Seiten, Best.-Nr. 50644

**Christophorus-Verlag Freiburg**

## Geschenkhefte

In der gleichen Ausstattung wie das vorliegende Heft sind erschienen:

**Alles ist ein Zeichen.**
Best.–Nr. 52970.

**Der du die Zeit in Händen hast.**
Best.-Nr. 52962.

**Nahe wollt der Herr uns sein.**
Best.-Nr. 52963.

**Laßt uns schauen, was geschehen ist.**
Best.-Nr. 52947.

**Tragt seinen Frieden in die Zeit.**
Best.-Nr. 52911.

**Wir haben seinen Stern gesehen.**
Best.-Nr. 52954.

**Wer mir nachfolgen will.**
Best.-Nr. 52956.

**In seiner Nähe wird es Licht.**
Best.-Nr. 52948

**Die heilige Elisabeth**
Best.-Nr. 52953.

**Christophorus.** Best.-Nr. 52957.

**Franz von Assisi.** Best.-Nr. 52966.

**Der hl. Vinzenz von Paul.**
Best.-Nr. 52960.

**St. Martin.** Best.-Nr. 52919.

**St. Nikolaus.** Best.-Nr. 52943.

**Christophorus-Verlag Freiburg**